공포의 먼지 폭풍

사막화로 인한 자연의 재난, 더스트볼

베스와 톰에게
- D. B

The Great American Dust Bowl
by Don Brown

Copyright ⓒ 2013 by Don Brown
All rights reserved.
Korean Translation Copyright ⓒ 2016 by Dourei Publication Co.
This Korean edition was published by special arrangement with Houghton Mifflin
Harcourt Publishing Company through KCC(Korea Copyright Center Inc.).

이 책의 한국어판 저작권은 (주)한국저작권센터(KCC)를 통해 저작권자와 독점계약을 맺은 도서출판 두레가 갖고 있습니다. 저작권법에 의하여 한국 내에서 보호를 받는 저작물이므로 무단으로 전재하거나 복제할 수 없습니다.

공포의 먼지폭풍

사막화로 인한 자연의 재난, 더스트볼

돈 브라운 글·그림

이충호 옮김

두레아이들

먼지 하나는 아주 작아요. 먼지 다섯 개가 모여도
이 문장 끝에 있는 마침표 안에 다 들어가고도 남아요.

지금부터 6000만~1억 년 전, 북아메리카에 로키 산맥이 솟아났어요. '판'이라고 부르는 지표면의 거대한 땅덩어리들이 뜨겁고 물렁물렁한 암석(맨틀) 위에 둥둥 뜬 채 천천히 움직이며 돌아다녔어요.

두 판이 충돌할 때 한 판이 다른 판 밑으로 들어가는 일이 일어나는데, 이것을 '섭입'이라고 해요.

아래쪽으로 들어간 판은 지구 내부에서 작용하는 큰 힘과 함께 위쪽 판을 위로 밀어 올려요.

이렇게 해서 로키 산맥이 우뚝 솟아나게 되었어요.

새로 생긴 산맥 동쪽에는 얕은 바다가 넓게 펼쳐져 있었어요. 시간이 지나면서 바다가 말라붙고, 반반한 해저 바닥은 넓은 평원이 되었어요. 그레이트플레인스라고 부르는 이 평원은 로키 산맥에서 시작해 동쪽으로 멀리 미시시피 강까지 뻗어 있어요.

그리고 로키 산맥 뒤쪽에 있는 평원은 해발 고도가 수백 미터 이상으로 솟아올랐어요.

로키 산맥 동쪽의 평원은 비교적 평평하지만, 그래도 해발 고도가 300미터 이상이나 되어요. 이곳은 아주 건조한 곳이에요. 연간 강수량은 500밀리미터 정도로, 조지아 주나 메인 주, 오리건 주에 비하면 절반에 지나지 않아요.

이렇게 강수량이 적어서 나무는 자라기가 힘들지만, 풀은 잘 자랍니다. 결국 이곳 평원은 온통 풀로 뒤덮이게 되었지요.

아메리카들소(버펄로라고도 함)가 이곳을 찾아와 그 수가 점점 불어나더니 결국 수천만 마리가 되었어요.

아메리카 인디언이 이곳에서 아메리카들소를 발견했어요. 아메리카들소는 식량 뿐만 아니라 옷과 주거지를 만드는 재료로도 쓰여, 인디언 문화에서 없어서는 안 되는 존재였지요. 아메리카 대륙에서 인디언은 아메리카들소와 땅과 날씨와 함께 이렇게 서로 조화를 이루며 1000년 이상 살아왔어요.

그런데 미국 동부에 정착한 백인이 19세기에 이곳 평원 지역을 개척하려고 몰려 왔어요. 1876년 무렵에 백인은 이곳에 살던 인디언을 모두 보호 구역으로 몰아내 고, 아메리카들소를 수백만 마리나 죽였어요. 이제 인디언과 아메리카들소 대신 에 목장 주인과 소가 평원을 차지했어요.

목장 주인들은 아메리카들소를 먹여 살렸던 '드넓은 초원'이 소들도 먹여 살릴 거라고 믿었어요. 남부 평원에서는 전체 길이가 약 1300킬로미터에 이르는 철조망 울타리 안에 소 약 15만 마리가 갇혀 살았어요.

하지만 소는 아메리카들소만큼 억세지 못했고, 여름의 뜨거운 열기와 겨울의 눈보라를 견디지 못해 죽어 갔어요.

이곳에 땅을 사면 부자가 될 수 있어요! 노다지가 사방에 널려 있어요!

불운을 겪은 목장 주인들은 땅을 팔아 치우려고 했어요. 그래서 평원의 땅을 사면 부자가 될 수 있다고 사람들을 유혹했지요. 그러자 그 말에 솔깃한 농부들이 땅을 샀어요. 그 말이 실패한 목장 주인들 입에서 나왔다는 사실을 깜빡하고요.

농부들은 진흙집이나 판잣집, 땅굴집 등에서 살면서 버려진 땅을 새로 일구었어요.

1914년부터 1918년까지 계속된 1차 세계대전으로 유럽에서는 많은 지역이 파괴되었고, 농사도 제대로 지을 수 없었어요.

많은 사람들은 전쟁의 여파로 식량을 구하는 데 큰 어려움을 겪었어요.

전 세계에서 많은 사람들이 굶주리자, 농산물 가격이 크게 올랐어요.

그러자 남부 평원 지역의 농부들은 큰돈을 벌 수 있겠다는 생각에 드넓은 초원을 농사를 지을 수 있는 땅으로 일구어 농작물을 심었어요.

그 넓은 땅을 일구어 농사를 짓는 것은 쉬운 일이 아니었지만, 말 대신에 트랙터를 사용하면서 그 일을 좀 더 쉽게 할 수 있었어요. 말 여러 마리가 58시간 동안 할 일을 트랙터 한 대로 단 3시간 만에 할 수 있었지요. 그러자 농부들은 갑자기 큰돈을 벌게 되었어요. 캔자스 주의 한 농부는 1년에 7만 5000달러 이상을 벌었다고 말했는데, 그것은 그 당시 미국 대통령의 연봉보다 많은 액수였어요.

그러다가 마침내 전쟁이 끝났어요. 사람들의 삶과 농업은 다시 정상으로 돌아왔어요. 그러자 미국 농산물을 사려는 사람이 크게 줄어들었어요. 밀은 30킬로그램짜리 1부대의 가격이 2달러에서 1달러로 뚝 떨어졌어요. 그러자 농부들은 줄어든 수입을 메우려고 농작물 생산량을 2배로 늘렸어요. 더 많은 초원을 갈아엎고 밭으로 만들어, 거기에 밀을 심었지요. 하지만 남아도는 밀을 살 사람이 없어 밀 가격은 더욱 떨어졌어요.

밀 가격이 폭락하던 그 무렵, 엎친 데 덮친 격으로 미국 경제에 대공황이 닥쳤어요. 대공황*이 닥친 1929년 당시 미국 국민 중 약 4분의 1은 돈과 일자리가 없어 힘겹게 하루하루를 살아갔어요. 곡물 창고는 팔 곳이 없어 쌓인 밀로 미어터질 지경이 되었고, 밀은 30킬로그램짜리 1부대의 가격이 34센트로 떨어졌다가 다시 24센트까지 떨어졌어요. 그것은 밀을 재배하고 수확하는 데 드는 비용도 되지 않았어요. 남부 평원 지역의 농부들은 나머지 미국 국민과 마찬가지로 극심한 가난으로 큰 고통을 받았어요.

★대공황: 1929년에 시작되어 1939년까지 세계적으로 지속된 경기 하강 국면. 전 세계 모든 국가들이 생산 위축과 가혹한 실업 등으로 고통받았다.

1931년에는 오랫동안 비가 내리지 않으면서
남부 평원 지역 사람들의 고통은 더욱 커졌어요.

가뭄이 오래 지속되자, 흙에 포함된 수분이 모두 증발해 땅이 바짝 말라붙었어요. 1미터 깊이까지 땅을 파도 물 한 방울 나오지 않았어요. 이제 흙이 가루처럼 쉽게 바스러지는 바람에 풀이나 밀도 흙을 붙들어 둘 수가 없었어요. 그래서 바람이 불면 먼지가 솟아오르면서 '먼지 폭풍'이 생겨났어요.

사람들은 펌프로 땅 속에서 끌어올린 적은 양의 물에 의존해 살아갔어요.

1932년 1월, 강한 바람이 불더니 흙먼지를 3000미터(백두산보다 높은 높이—옮긴이) 상공까지 솟아오르게 했어요. 하늘은 누르스름한 회색으로 변했어요. 시속 100킬로미터의 강풍이 수많은 흙먼지와 함께 텍사스 주, 오클라호마 주, 캔자스 주를 덮쳤어요. 사람들은 그 먼지 폭풍을 보고 '두려움을 느끼게 한다'고 표현했어요.

1932년 한 해에만 먼지 폭풍이 열네 차례 더 발생했어요. 거대한 먼지 구름은 하늘까지 치솟아 올랐는데, 으스스한 느낌을 풍기면서 조용히 다가올 때도 있었지만, 비는 내리지 않으면서 번개와 천둥이 칠 때도 있었어요.

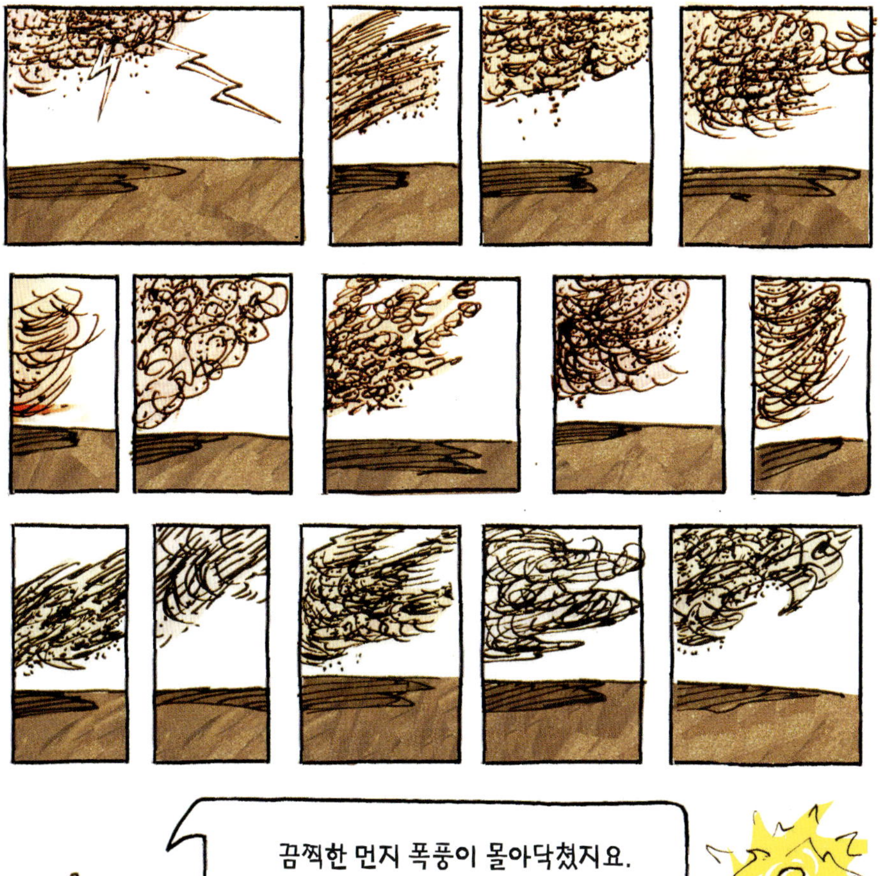

> 끔찍한 먼지 폭풍이 몰아닥쳤지요. 태양은 마치 활활 타는 불처럼 이글거렸어요. 이제 세상의 종말이 왔구나 하는 생각이 들었어요.

어떤 먼지 폭풍은 하늘을 날던 소형 비행기를 덮쳤어요. 그 바람에 엔진이 흙먼지에 막혀 버렸어요. 그 비행기 조종사는 홀로 대서양을 가로질러 비행하는 데 처음으로 성공한 찰스 린드버그였어요. 린드버그는 어쩔 수 없이 긴급 비상 착륙을 해야 했는데, 이 사건은 전설적인 비행사도 먼지 폭풍에는 어쩔 수가 없다는 걸 보여 주었어요.

드물게 비가 내릴 때에는 가끔 하늘에서 비 대신에 진흙 덩이가 뚝뚝 떨어져 자동차를 부수고 소들을 울부짖게 했어요.

눈보라가 몰아치면 흙으로 범벅이 된 눈이 내렸어요. 마치 초콜릿 눈 같았어요.

먼지 폭풍 하나가 며칠 동안 불다가 지나가면,

그 뒤를 이어 다른 먼지 폭풍이 몰아치기도 했어요.

그럼에도 먼지 폭풍은 몇 주일 동안 조금도 기세가 수그러들지 않고

계속 불었지요.

많은 모래를 품고 맹렬하게 부는 폭풍에

유리창이 깨지고, 집과 자동차의 페인트가 벗겨져 나갔어요.

심지어 열차가 선로를 벗어나고, 전봇대도 쓰러졌어요.

먼지 폭풍의 먼지는 폭풍이 불어온 장소에 따라 갈색, 검은색, 노란색, 회색, 빨간색 등 다양한 색을 띠었어요. 활석 가루처럼 입자가 고운 경우도 있었고, 자갈처럼 거친 경우도 있었어요. 또, 매운 고추 같은 냄새로 코를 간질일 때도 있었고, 기름 같은 냄새로 속을 뒤집을 때도 있었지요.

먼지가 공중에서 빙빙 돌자 정전기가 발생했어요.
그래서 공기 중에서 갑자기 빛이 번쩍였지요.

이런 정전기 때문에 금속을 만지거나 다른 사람과 악수를 하다가 큰 전기 충격을 받는 일도 가끔 일어났어요.

자동차도 합선이 일어나 시동이 꺼져 버렸어요.

철조망 가시는 괴기스러운 파란색으로 빛났어요.

온 땅이 두꺼운 먼지로 뒤덮였어요. 마치 누런 눈더미로 덮인 것처럼요.

먼지는 어디로든 파고 들어왔어요. 사람들은 집 안에 먼지가 들어오지 못하게 하려고 모든 문 틈에는 테이프를 붙이고, 벽에 난 틈은 헝겊으로 막고, 천으로 창문을 가렸어요. 하지만 그래도 먼지는 계속 집 안으로 들어왔어요. 사람들은 열심히 걸레질을 하면서 먼지를 닦아 내기 바빴어요. 아기 침대 위에는 젖은 시트를 걸쳐 놓았어요.

식탁 위에 먼지가 얼마나 수북하게 쌓였던지 그 위에 이름을 쓸 수 있을 정도였어요. 저녁을 먹으려면 걸레질을 두세 번이나 해야 할 때가 많았지요.

음식을 만들다 보면, 음식에도 먼지가 섞여 들어갔어요. 입 속에서 먼지가 서걱서걱 씹히는 일은 예삿일이었어요.

먼지는 동물의 몸속에도 들어갔어요.

내 말은 먼지 때문에 눈물과 콧물을 줄줄 흘렸지요. 눈을 닦아 주었더니, 내 손바닥에 진흙이 가득 묻어 나왔어요. 콧구멍에 가득 찬 진흙도 파냈어요.

많은 닭과 소는 먼지 때문에 눈이 멀었고, 심지어 숨이 막혀 죽어 갔어요. 심한 먼지 폭풍이 지나가면, 작은 새와 동물이 수백 마리씩 숨이 막혀 죽어 갔어요.

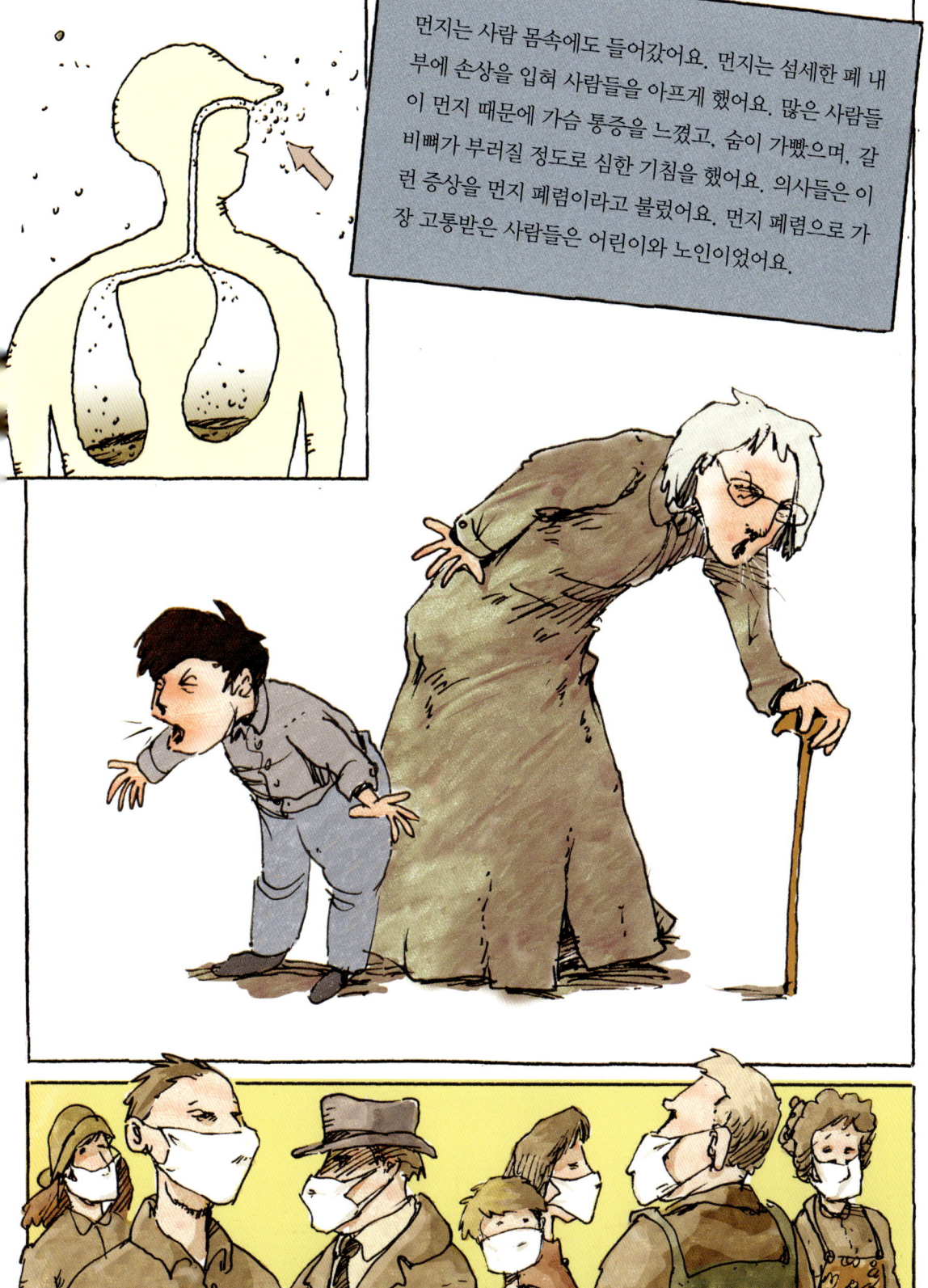

먼지는 사람 몸속에도 들어갔어요. 먼지는 섬세한 폐 내부에 손상을 입혀 사람들을 아프게 했어요. 많은 사람들이 먼지 때문에 가슴 통증을 느꼈고, 숨이 가빴으며, 갈비뼈가 부러질 정도로 심한 기침을 했어요. 의사들은 이런 증상을 먼지 폐렴이라고 불렀어요. 먼지 폐렴으로 가장 고통받은 사람들은 어린이와 노인이었어요.

적십자사는 이 위기에 대처하기 위해 응급 병원을 여섯 군데 세웠어요. 그들은 먼지 마스크를 1만 7000개 이상 나누어 주었지만, 그래도 수백 명이 병에 걸렸고, 죽는 사람도 나왔어요.

1934년 5월 9일, 회오리바람이 몬태나 주와 다코타 주의 초원에서 3억 5000만 톤의 먼지를 공중으로 날려 보냈어요. 이 먼지 구름은 4500미터 높이까지 치솟았는데, 이것은 엠파이어스테이트 빌딩 12개를 차곡차곡 쌓은 높이와 비슷해요.

초대형 유조선 1500척을 가득 채울 만큼 많은 먼지가 바람에 실려 동쪽으로 흘러갔어요.

뉴욕의 맨해튼은 낮에도 회색 먼지 안개로 뒤덮여 어둠침침했어요. 자동차는 대낮에도 전조등을 켠 채 달려야 했어요. 자유의 여신상도 저 멀리 희끄무레한 형체로만 보였어요. 거리와 보도, 잔디밭, 심지어 뉴욕 항구의 바다까지 모든 곳이 먼지로 뒤덮였어요.

멀리 바다로 나가도 사정은 마찬가지였어요. 미세한 먼지가 배 갑판을 온통 뒤덮는 바람에 배가 마치 설탕 뿌린 도넛처럼 보였어요.

최악의 먼지 폭풍은 뉴멕시코 주, 콜로라도 주, 오클라호마 주, 캔자스 주, 텍사스 주의 경계가 겹치는 원형 지역에서 자주 일어났어요. 로버트 가이거라는 기자가 이 지역을 '아메리카 대륙의 더스트볼(Dust Bowl)'이라고 불렀는데, 그 후로 이 이름이 널리 쓰이게 되었어요(더스트볼은 원래는 먼지 폭풍이 주로 발생한 이 지역을 가리키는 이름이었지만, 지금은 1930년대에 몰아닥친 최악의 먼지 폭풍을 가리키는 뜻으로 많이 쓰여요—옮긴이).

더스트볼 지역을 괴롭힌 것은 먼지 폭풍뿐만이 아니었어요.

겨울은 더 추워졌고, 여름은 더 더워졌어요. 일부 지역에는 40년 만에 가장 추운 겨울이 찾아왔어요. 다른 지역에서는 여름철의 기온이 38℃ 이상으로 올라갔어요.

마치 활활 타오르는 거대한 용광로에서 바람이 불어 나오는 것 같았어요. 얼굴에 물집이 생기고 살갗이 벗겨져 나갈 정도였다니까요!

그러자 평소에는 춥고 습기 찬 날씨에 죽거나 새나 박쥐에 잡아먹히던 벌레들이 곳곳에서 크게 불어났어요. 날씨가 건조해지고 먼지 때문에 새와 박쥐가 죽어 갔기 때문이지요. 지네가 온 천장과 벽에 들끓었고, 타란툴라(거미의 일종―옮긴이)가 떼를 지어 부엌을 지나갔으며, 옥수수 창고와 헛간에는 검은과부거미가 곳곳에 도사리고 있었어요.

너무 많이 바글대는 개미도 큰 골칫거리였어요. 식탁 위를 기어 다니는 개미를 치워도 치워도 식탁 위에는 여전히 개미들이 바글거렸어요.

또, 수억 마리의 메뚜기 떼가 마치 괴물 구름처럼 나타났어요.

메뚜기 떼는 풀과 나무, 옥수수, 밀을 몽땅 먹어 치웠고, 더 이상 먹을 식물이 없자 울타리 기둥과 삽자루와 써레 자루까지 먹어 치웠어요.

심지어 옷도 씹어 먹었어요.

엄청나게 큰 메뚜기들이었지요.

절박한 처지에 놓인 사람들은 불행에서 벗어날 수만 있다면 아무리 허무맹랑한 말이라도 믿으려고 했어요. 누가 울타리에 죽은 뱀을 걸어 놓으면 비가 내릴 거라고 말하자, 얼마 지나지 않아 수 킬로미터나 되는 울타리에 죽은 뱀이 주렁주렁 매달렸지요.

돈을 주면 비를 내리게 해 주겠다고 약속하는 사기꾼도 나타났어요. 가뭄과 가난에 시달린 마을들은 돈을 그러모아 로켓과 연에 다이너마이트를 실어 하늘로 올려 보냈어요. 하늘에서 다이너마이트를 폭발시키면 혹시나 비가 내리지 않을까 기대했던 것이지요. 하지만 그들의 소중한 돈은 하늘에서 강렬한 빛과 폭음 소리를 내며 사라졌고, 비는 내리지 않았어요.

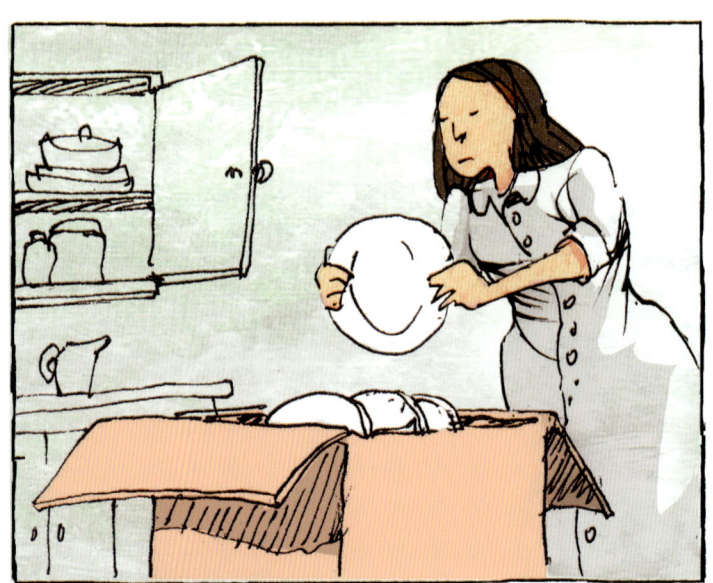

1935년 4월 14일 일요일, 미국 남부 평원 지역에 아침이 찾아왔습니다. 바람도 거의 불지 않고, 밝은 햇살이 비쳤지요. 소풍 가기에 아주 좋은 날씨였어요.

지난 석 달 동안 먼지 폭풍이 49개나 지나간 터라 아주 반가운 날씨였어요. 사람들은 이제 힘든 시기가 다 지나간 게 아닐까 하고 생각했어요.

하지만 그렇지 않았어요.

와이오밍 주와 사우스다코타 주, 노스다코타 주에서 차갑고 강한 바람이 불더니, 수많은 먼지를 하늘 높이 날려 보내면서 폭이 300여 킬로미터에 이르는 먼지 구름이 생겼어요. 시커먼 먼지 구름은 격렬하게 요동치면서 나아갔지요.

시커먼 폭풍이 다가오자, 새들과 토끼들과 그 밖의 온갖 동물들이 겁을 먹고 바삐 달아났어요. 공중에는 전기 불빛이 번쩍였어요. 그 에너지는 뉴욕 시 전체에 전기를 공급하고도 남을 정도였어요.

탁 트인 장소에서 먼지 폭풍을 만난 사람들은 땅에 쓰러지거나 내동댕이쳐졌어요.

소용돌이치는 검은 구름에 갇힌 사람은 눈앞에 있는 자기 손조차 보이지 않았어요. 들에서 놀던 한 소년은 집을 향해 달려갔지만, 캄캄한 먼지 폭풍 속에서 길을 잃고 말았어요. 한 운전자도 길을 잃고 말았어요.
두 사람은 숨이 막혀 죽었어요.

로버트 가이거와 사진 기자 해리 아이젠하드는 때마침 이 먼지 폭풍 앞에 있었어요. 이들이 보낸 기사와 사진을 보고 세상 사람들은 이 먼지 폭풍의 위력이 얼마나 대단한지 알게 되었어요.

우리는 계속 먼지 폭풍보다 앞서 가기 위해 시속 100킬로미터로 달려야 했어요.

공포에 질린 사람들은 대피소나 집 안, 헛간, 지하실, 대피호로 피했어요.

하지만 먼지가 대피소 안까지 들어와 공기를 더럽히는 바람에 사람들은 앞을 보거나 숨 쉬기가 힘들었어요. 포크송 가수이던 우디 구스리도 그때 대피소로 피신했어요. 훗날 구스리는 〈이 땅은 나의 땅〉이라는 노래로 유명해지지만, 마치 세상에 종말이 온 듯한 일요일의 이 검은 먼지 폭풍에서 영감을 얻어 다음과 같은 가사를 썼어요.

"그것은 마치 하늘에서 검은 커튼이 내려오듯이 우리 도시에 떨어졌지.
우리는 종말이…… 다가왔다고 생각했지."

그것은 평생에 한 번 만날까 말까 한 먼지 폭풍이었어요.

먼지 폭풍이 서서히 지나간 뒤, 사람들은 검은 모래 폭풍이 지나가고 난 뒤에 늘 하던 일을 했어요. 손톱 밑에 끼인 먼지를 파내고, 얼굴을 씻고, 집에 쌓인 먼지를 삽으로 내다 버리고 나서 다시 일상생활로 돌아갔지요.

먼지 폭풍의 피해를 줄이기 위해 루스벨트 대통령과 미국 정부가 나섰어요. 우선, 2억 2000만 그루나 되는 나무를 심어 먼지 폭풍을 막아 줄 바람막이숲을 만들었어요.

그리고 수백만 에이커(1에이커는 약 4047평방미터—옮긴이)의 땅을 사들여 버펄로그래스라는 잔디를 심었어요. 버펄로그래스는 옛날에 인디언이 살던 시대에 평원의 땅을 단단하게 붙들어 주던 잔디예요.

무엇보다도 농부들에게 토양 손상을 막는 농사법을 가르쳤어요.

검은 일요일의 먼지 폭풍은 마지막 먼지 폭풍이 아니었어요. 먼지 폭풍은 1936년에 68번, 1937년에는 72번이나 발생했고, 그 뒤로도 계속 발생했지만, 가뭄은 시작된 지 10년 만에 마침내 끝났어요.

최악의 먼지 폭풍이 잇달아 일어났던 1930년대[이 시기를 더스트볼 또는 더러운 30년대(Dirty Thirties)라고 불러요]에는 약 1억 에이커나 되는 표토(겉흙)가 바람에 날려갔어요. 그레이트플레인스 전체 지역 중 약 3분의 2가 바람의 침식 작용으로 큰 손상을 입었어요. 그때 입은 손상은 아직까지도 완전히 복구되지 않았어요.

죽은 사람은 얼마나 되었을까요?
수백 명? 수천 명? 정확한 숫자는 알 수 없어요.
그 숫자가 얼마이건, 더스트볼은 미국 역사상 최악의 환경 재앙이었어요.

하지만 사람들은 정부의 지원에 힘입어 용기를 내 다시 삶을 시작했고, 남부 평원 지역을 다시 푸르게 만들었어요.

1950년대에 가뭄이 다시 찾아왔어요. 그리고 2011년에는 뜨거운 기온이 계속되면서 비가 사라졌어요. 옛날의 더스트볼 지역 한가운데에 있는 오클라호마 주의 보이즈 시티는 비가 내리지 않는 날이 227일이나 계속되었어요.

2012년에는 미국의 많은 지역에 평소보다 비가 적게 내렸어요. 미국 본토(알래스카 주와 하와이 주를 제외한 지역) 중 55%가 어느 정도의 가뭄이나 심한 가뭄을 겪었어요. 그리고 남부 평원 지역 여기저기에는 비록 그 수는 점점 줄어들고 있지만, 1930년대에 먼지 폭풍을 겪은 사람들이 살고 있어요. 예전과 마찬가지로 늘 바람이 불어오지 않나 신경을 곤두세우고, 비를 기다리면서 말이에요.

참고문헌

Bonnifield, Paul. *The Dust Bowl: Men, Dirt, and Depression*. Albuquerque: University of New Mexico Press, 1979.

Egan, Timothy. *The Worst Hard Time*. Boston: Houghton Mifflin, 2006.

Encyclopedia Britannica Online, s.v. "Plains Indian." Accessed October 25, 2012, www.britannica.com/EBchecked/topic/462761/Plains-Indian.

Hurt, Douglas R. *The Dust Bowl: An Agricultural and Social History*. Chicago: Nelson-Hall, 1981.

Levy, Matthys, and Mario Salvadori. *Why the Earth Quakes*. New York: W. W. Norton, 1995.

NOAA-NWS website glossary, s.v. "dry thunderstorm." Accessed October 25, 2012, www.weather.gov/glossary/index.php?word=dry+thunderstorm.

Oklahoma Oral History Research Project. *Dust, Drought and Dreams Gone Dry: Oklahoma Women and the Dust Bowl*. Special Collections and University Archives, Edmon Low Library, Oklahoma State University, 2001.

Surviving the Dust Bowl. Transcript. PBS's American Experience series, www.pbs.org/wgbh/americanexperience/dustbowl.

Worster, Donald. *Dust Bowl: The Southern Plains in the 1930s*. New York: Oxford University Press, 1979.

Wunder, John R., editor, et al. *Americans View Their Dust Bowl Experience*. Niwot: University Press of Colorado, 1999.

1935년에 텍사스 주 스트랫퍼드에 불어닥친 먼지 폭풍.

먼지 폭풍의 피해를 복구하는 모습.

2011년에 애리조나 주 피닉스를 덮친 괴물 먼지 폭풍.

부록

인간의 과욕이 불러온 최악의 자연 재난, 더스트볼(Dust Bowl)

더스트볼에 대해 궁금한 10가지 사실들

| 일러두기 |

'부록'은 이 책의 원서에는 없는 내용으로, 독자들이 더스트볼을 이해하는 데 도움을 주고자
두레아이들 출판사 편집부에서 작성했습니다.

인간의 과욕이 불러온 최악의 자연 재난, 더스트볼(Dust Bowl)

◆ 더스트볼이란 무엇인가?

더스트볼(Dust Bowl)은 1930년대 미국 평원의 생태와 농업은 물론 도시와 사람들에게까지 막대한 피해를 입힌 먼지 폭풍, 또는 그 먼지 폭풍에 휩싸인 지역을 일컫는 말이다. 최악의 먼지 폭풍은 뉴멕시코 주, 콜로라도 주, 오클라호마 주, 캔자스 주, 텍사스 주의 경계가 겹치는 원형 지역에서 자주 일어났다. 그래서 이 지역을 로버트 E. 가이거라는 기자가 '아메리카 대륙의 더스트볼'이라고 불렀는데, 그 뒤로 더스트볼이라는 이름이 쓰이게 되었다. 더스트볼은 당시의 처참한 모습을 빗대 '더러운 30년대(Dirty Thirties)'라고도 불린다.

  1930년대 초 극심한 가뭄이 미국 중서부와 남부 평원을 강타하면서 검은 모래 폭풍(블랙 블리자드)이 발생하기 시작했다. 1932년에는 먼지 폭풍의 수가 14개였고, 이듬해에는 38개로 크게 늘어났다. 1934년에는 더스트볼 지역에서 발생한 먼지 폭풍이 다른 지역으로 확산되고, 미국에는 역사상 최악의 가뭄이 든다. 마침내 1935년 4월 14일, '검은 일요일'이라고 불리는 이날 사상 최악의 검은 모래 폭풍이 발생해 미국을 공포에 빠뜨렸다. 이후 정부와 농민들이 나무를 심고, 목초지를 다시 만들고, 돌려짓기(윤작)를 하는 등 적극적인 노력을 기울이자 먼지 폭풍의 위력은 조금씩 약화되었다. 1939년 가을에 비가 내리면서 기나긴 가뭄이 끝나고, 대공황과 함께 미국 대륙을 시름에 빠지게 했던 '더러운 30년대'도 끝이 났다.

  1930년대 당시 먼지로 변한 표토(겉흙)들은 거대한 구름처럼 날아다니기도 하고, 때로는 하늘을 온통 시커멓게 뒤덮기도 했다. 이 숨 막힐 듯한 먼지 구름은 대륙을 지나 동쪽 해안에 다다르고, 때로는 애틀랜타, 워싱턴, 뉴욕 등지까지 덮치기도 했다.

  더스트볼은 1940년에 퓰리처 상을 받은 존 스타인벡의 장편소설 『분노의 포도』(1939)를 비롯해 음악가 우디 구스리의 포크 음악, 그리고 도로시아 랭의 사진, 할리우드 영화 〈인터스텔라〉(2014) 등 여러 방면의 문학예술 작품들에 영감을 주었다.

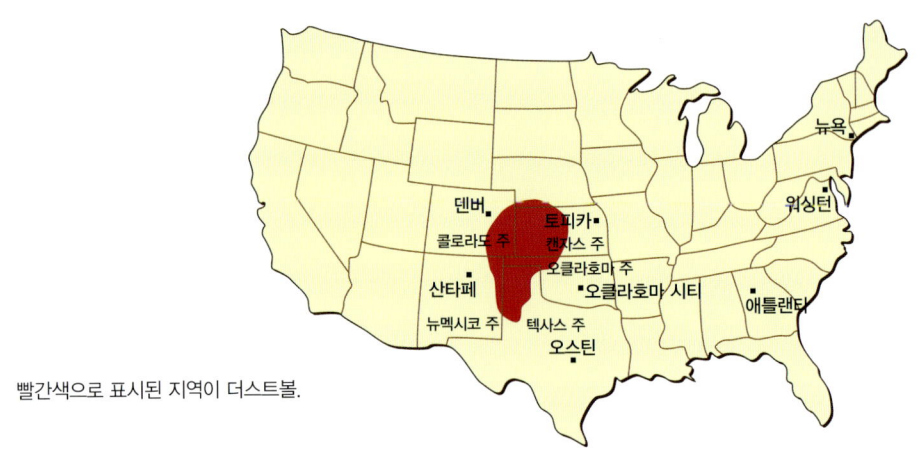

빨간색으로 표시된 지역이 더스트볼.

◆ 먼지 폭풍은 어떻게 일어났는가?

미국 남부 평원 지역은 강한 바람과 뜨거운 여름, 그리고 가뭄이 잦은 지역이어서 농사를 짓기에는 그다지 적당하지 않은 곳이었다. 하지만 땅을 값싸게 살 수 있다는 이점 때문에 1900년대 초 농부들이 이곳으로 많이 몰려들었다. 식량을 구하기 힘든 1차 세계대전(1914~18) 중에 특히 밀의 수요가 폭발적으로 늘어나면서 밀의 가격이 치솟고, 토지 개발업자들이 "땅을 일구면 비는 따라온다"고 부추기자 농부들은 짧은 기간에 수백만 에이커의 초원을 밀밭으로 바꾸었다. 이것은 역사상 인간이 불러일으킨 최악의 재앙을 낳는 씨앗이 되었다.

그 뒤 10년 동안 대평원(그레이트플레인스)을 촉촉이 적셔 주던 비가 그치고, 1930년대 초부터 기나긴 가뭄이 시작되었다. 거대한 풀밭이 사라진 대지 위로 불어오는 강한 바람에 건조한 땅은 무방비 상태였다. 강한 바람이 바싹 메마른 흙을 들어 올리자 '검은 폭풍'이라 불린 빽빽한 먼지 구름이 전에 없이 1930년대 내내 그 지역을 뒤덮었다.

더스트볼은 결국 오래전부터 단단하게 뿌리 내린 풀들이 강한 바람과 가뭄에도 견딜 수 있도록 흙을 붙잡아 두고 물을 머금어 주는 역할을 하는 초원 지대의 생태학적 사실을 무시한 결과였다. 여기에 단일 작물의 반복된 경작, 바람에 흩날리기 쉬운 상태가 되어 버린 토양, 그리고 전에 없었던 가뭄과 고온이 이런 비극을 불러일으킨 것이다. 드넓은 초원을 밭으로 쉽게 일굴 수 있도록 도와준 농기계(트랙터, 콤바인 등)의 발달도 이 비극에 크게 기여했다.

◆ 검은 먼지 폭풍, 대륙을 휩쓸다

일단 바람이 드넓은 대지에서 먼지를 들어 올리기 시작하면 그것은 삽시간에 먼지 폭풍으로 변했다. 1930년대에는 해마다 먼지 폭풍이 점점 더 강해졌고, 더 자주 불어 닥쳤으며, 흙 수백만 톤을 쓸어 냈고, 평야 지대에 놓인 농장과 집들을 먼지로 뒤덮었다. 사업주들은 재정적 손실을 감당하지 못해 자살하고, 주민 수천 명은 탈출하기 위해 죽을힘을 다해 집에서 빠져나왔지만 길바닥에 내동댕이쳐졌다. 이런 무시무시한 광경은 그때까지 미국에서는 전혀 볼 수 없었던 모습이었다.

먼지 폭풍 때문에 작물과 가축들은 떼죽음을 당하고, 이 지역 사람들은 먼지 폐렴(일명 '갈색 전염병'), 기관지염, 기침, 천식 등에 시달렸다. 농사를 지을 수 없을 뿐만 아니라 밖으로 나가는 데에도 위험을 감수해야 하는 환경 때문에 수만 명이 농업과 집을 포기하고 다른 곳으로 떠났다.

최악의 먼지 폭풍은 1935년 4월 14일에 발생했는데, 이날은 '검은 일요일'로 기록되고 있다. 이날 더스트볼 지역을 뒤덮은 먼지 구름은 말 그대로 낮을 밤으로 바꾸어 놓았다. 더스트볼 지역을 훌쩍 넘어 이동한 먼지 폭풍은 시카고에 이틀 동안 흙 약 5400톤을 쏟아 놓았다. 이 검은 먼지 폭풍에서 살아남은 생존자 26명은 당시 인터뷰를 통해, 먼지로 가득한 바람이 어떻게 사람의 얼굴에 상처를 내고, 물집이 생기게 하고, 또한 말로 표현하기 힘든 악마의 감정을 느끼게 하는지 생생하게 증언했다. 더스트볼은 미국 역사상 최악의 환경 위기였다.

◆ 더스트볼과 자연보호의 중요성

최악의 자연 재앙 '더스트볼'이 모든 것을 앗아간 10년은 토양 보호와 대지 관리에 대한 사람들의 생각을 바꾸어 놓았다. 1933년 6월, 의회는 토양 침식 관리 프로그램을 담당하는 새로운 연방 부서를 만들었다. 2년 뒤, 이 부서는 농업에 적합하지 않은 토지를 영구적인 목초지나 숲으로 조성하는 농부들에게 재정 보조금을 지원하는 캠페인을 시작했다.

목초지 보전 프로그램이나 보전 관리 프로그램도 먼지에 휩싸여 보내던 우울한 날들 때문에 만들어졌다. 이 프로그램들은 두 가지 범주로 나눌 수 있다. 하나는 농지에서 경작을 멈추고 서식지로 전환시키는 프로그램이고, 또 하나는 경작하고 있는 농지에

먼지 폭풍이 지나간 뒤의 황폐한 모습.

적용하기 위한 자연보호 인센티브 프로그램이다. 작물을 경작하는 땅은 경제적으로 이윤을 남길 만큼 높은 생산력을 갖추어야 한다. 하지만 동시에 자연 자원을 보전하고 환경에 미치는 영향을 최소화하여 생태계가 지속될 수 있게 하는 것 또한 중요하다.

이러한 것들과 더불어 계단식 밭을 도입하고, 배수구 정비를 비롯해 등고선 경작(경사지에서 등고선을 따라 수평으로 도랑을 파서, 빗물로 흘러내리는 흙의 유실을 막는 경작 방법)과 돌려짓기 같은 농업 방법 등 새로운 실천 방안도 실행에 옮겨졌다. 이러한 시도는 성공을 거두어 1938년에는 흙먼지가 되어 날아다니는 흙의 양이 65%까지 감소했다.

사람들의 노력 덕분에 심지어 1930년대보다 더 극심한 가뭄이 1950년대에 대평원 지대를 찾아왔지만 1930년대처럼 무시무시한 먼지 폭풍은 발생하지 않았다. 먼지 폭풍이 일기는 했지만 농부들이 자연을 고려한 농업 기술을 사용하고, 정부가 땅을 사들여 다시 풀밭으로 복원한 400만 에이커의 땅 덕분에 피해를 최소화할 수 있었다. 2009년에서 2011년까지 다시 가혹한 가뭄이 오클라호마 주를 덮쳤을 때도 먼지 폭풍은 일지 않았다. 전문가들은 더스트볼이 다시 미국을 휩쓰는 것을 막는 데 농업 법안의 보호 프로그램이 도움을 주었다는 데 동의한다. 농업에 종사하는 많은 사람들도 더스트볼의 결과로 시행된 프로그램이 흙을 보전하는 데 매우 중요한 역할을 하고 있다는 것을 깨달았다.

◆ 더스트볼이 다시 발생할 수 있을까?

가뭄과 산업화된 농업, 유전자 변형 작물 등 때문에 자연의 법칙이 교란되면서 우리는 지금 또다시 엄청난 규모의 먼지 폭풍을 만들고 있는지도 모른다. 우리가 지금껏 보지 못한 또 다른 생태 재앙이 이미 진행 중인지 모른다. 지금 평원의 많은 농부들은 가뭄 때 작물에 물을 대기 위해 오갈라라 대수층(지하수를 품고 있는 지층)에서 물을 끌어 오는 관개 농업에 의지하고 있다. 하지만 이 지하수 저장고는 지나치게 많이 사용해서 위험에 처해 있다. 현재의 물 수요량을 감안하면 기껏해야 25년 정도 사용할 수 있을 것이라고 한다.

지금처럼 생태계를 고려하지 않는 농업 방식을 계속 사용하다가는 거대한 환경 재앙의 부메랑을 맞으리라는 불길한 신호가 세계 곳곳에서 나타나고 있다. 토양은 대체되는 것보다 유실되는 속도가 13%나 빠르며, 지난 100년 동안 인류가 재배하던 작물 종 중 75%가 사라졌고, 10억 명이 넘는 사람들이 안전한 식수를 구할 수 없는 가운데, 전 세계 담수 공급량 중 80%가 농업에 사용되고 있는 것 등이 대표적인 예다.

◆ 먼지 폭풍은 단일 재배의 결과

'단일 종 재배'는 다른 작물을 번갈아 심지 않고 한 가지 작물만을 같은 땅에 해마다 계속 반복해서 재배하는 농업 방식이다. 옥수수, 콩, 밀, 쌀 등은 단일 종 재배 기술로 재배되는 대표적인 작물이다. 단일 종 재배가 환경에 해로운 이유는 여러 가지이다. 이는 토양 영양분의 다양성을 줄임으로써 토양 생태계를 해친다. 기생하는 종들에 적합한 환경을 만들어 작물이 전염병에 더 취약해짐으로써 순식간에 전체 작물이 망가져 버릴 수 있다. 또한 화학 살충제, 비료, 항생제, 유전자 변형 생물에 대한 의존성을 더욱 증가시키고, 화석 연료를 많이 사용하는 값비싼 농기계에 더욱 의존하게 만든다. 그리고 무엇보다 생태계에서 꼭 필요한 생물다양성을 파괴한다.

단일 종 재배는 또한 평원 지역의 드넓은 자연 풀밭을 모조리 없애고 이제껏 없었던 어마어마한 양의 밀을 심음으로써 그 지역의 전체 생태계를 망가뜨리고 대재앙을 불러온 먼지 폭풍을 일으킨 책임이 있다.

농업은 상호 연관된 요소들이 어우러진 완전한 시스템이다. 그래서 농업의 생태적 균형을 유지하고 작물을 건강하게 재배하기 위해서는 전체 시스템이 어떻게 움직이는지 반드시 이해해야 한다. 모든 것이 함께 작동하기 때문에 시스템을 바꾸면 나머지 모든 구성 요소의 상호작용도 바뀌게 된다. 중요하지 않은 것으로 여겨지는 부분이라도 전체 시스템을 바꾸지 않고서는 바꿀 수 없다. 바로 이것이 먼지 폭풍 사건에서 일어난 일이다.

◆ 전 세계적으로 일어나고 있는 농업 파괴

인간이 대지에 가한 공격 때문에 전 세계 곳곳에서 다양한 형태의 먼지 폭풍이 이미 일어나고 있다. 예를 들면, 중국의 산간 지역은 수천 년 동안 쉼 없이 가축을 방목해 기른 결과 지금 남은 것은 황량한 대지뿐이다. 대지를 촉촉이 적셔 지력을 회복시켜 줄 것으로 기대한 비가 도리어 비옥한 표토를 비탈 아래로 쓸고 내려가 토지를 침식시키고, 이 때문에 새로운 식물이 싹을 틔우고 자라날 기회마저 완전히 사라졌다. 중국 북부 중앙에 있는 황토(뢰스) 고원에서는 고운 실트 가루 수백만 톤이 황허 강으로 쓸려 내려가 황허 강의 흐름을 방해할 뿐만 아니라 거대한 홍수 발생의 원인이 되고 있다. 이 때문에 황허 강은 '중국의 슬픔(China's Sorrow)'이라는 새 이름을 얻었다.

이와 비슷하게 에티오피아는 수백 년 동안 지나치게 농업에만 의지한 결과 다른 식물들이 살아갈 수 없을 만큼 대지가 파괴되고, 땅은 바싹 말라 버렸다. 큰 홍수가 발생하면 표토가 아래로 휩쓸려 내려가는데, 이를 막아 줄 것이 없어 대지에는 깊은 협곡 침식지가 만들어졌다.

하지만 농사를 짓지 않고 땅을 쉬게 하자 사라졌다고 생각했던 다른 식물 종들과 풀들이 다시 나타났다. 에티오피아에서는 토착 나무와 초목 식물을 심어 매우 심하게 침식된 지역을 바꾸어 놓았다. 비가 내리면 이제 비가 땅에 스며들어 깨끗한 물줄기가 만들어지고, 빽빽이 뒤덮인 초목들의 도움으로 물줄기가 일 년 내내 흐를 수 있게 되었다. 사막화가 진행되던 지역이 되살아나자 사람들은 삶이 지속될 수 있는 미래를 꿈꿀 수 있게 되었다. 이러한 지역들이 우리에게 주는 희망과 교훈은 이제 전 세계가 함께 나누어야 한다. 이러한 지역은 사람과 자연이 함께 살아갈 수 있는 농업 방식을 이용함으로써 어떻게 전체 생태계가 회복될 수 있는지 바람직한 모델을 제공할 것이다.

◆ 점점 강해지는 아시아의 먼지 폭풍, '황사'

먼지 폭풍이나 모래 폭풍이 단지 남의 나라 이야기만은 아니다. 우리나라에도 해마다

르완다에서 토양 침식을 막기 위해 계단식 밭을 만들고 있는 모습.

점점 더 큰 영향을 미치는 황사는 아시아의 먼지 폭풍이라 할 수 있다. 황사(黃砂)는 주로 중국 북부나 몽골의 건조 지대나 황토 지대에서 바람에 날려 올라간 미세한 모래 먼지가 대기 중에 퍼져서 떠다니다가 서서히 내려앉는 현상 또는 내려앉는 흙먼지를 일컫는 말이다. 보통 저기압의 영향을 많이 받는 3~5월에 많이 발생한다. 때로는 상공의 강한 서풍을 타고 우리나라는 물론 일본, 태평양, 북아메리카까지도 날아간다.

황사가 만들어지기 위해서는 몇 가지 조건이 필요하다. 먼저 땅은 흙가루가 매우 작고 건조해야 하고, 토양 일부를 대기 중으로 옮길 수 있는 강한 바람이 있어야 하며, 건조한 토양 일부가 공중으로 떠오르는 것을 막아 주는 식물 군락 등이 없어야 한다(이는 미국의 더스트볼 발생 조건과 매우 흡사하다). 황사의 근원지인 중국과 몽골의 사막 지대와 그 일대는 황사가 만들어지기에 적합한 조건을 갖추고 있다. 또한 이곳들은 대부분 해발 약 1000미터 이상 지역이라 황사가 강한 바람을 타고 한반도 등 동북아 지역으로 이동하기가 쉽다.

이렇게 중국과 몽골 등 아시아 대륙 중심부의 사막과 황토 지대에서 일어나는 황사는 일종의 모래 폭풍으로 현재 세계 각지에서 발생하는 모래 폭풍 중에서도 특히 심한 것이다. 중국은 1988년에 황사 폭풍으로 베이징 공항이 폐쇄되는 등 큰 피해를 입은 바 있다. 몽골에서도 1990년대 초반에 해마다 20번 정도 발생했던 모래 폭풍이 최근에는 그 세 배인 60번 정도로 늘어났다. 특히 몽골에서는 이런 자연 재해로 가축을 모두 잃은 유목민들이 울란바토르 주변에 일종의 빈민가인 게르촌을 형성해 살아가는데, 그 수는 몽골 전체 인구(300만 명)의 약 20%에 이른다고 한다.

◆ 사막화가 확산되는 것을 막아야 한다

황사가 발생하는 주요 원인으로는 '사막화(desertification)'를 들 수 있다. 사막화는 자연적 요인인 가뭄, 건조화 현상과 인위적 요인인 관개, 삼림 벌채와 초원 파괴, 환경 오염 등이 복합적으로 작용하여 토지가 사막환경화되는 현상을 말한다. 최근 중국 내륙은 지구 온난화 같은 기후적인 요인과 과도한 산림 파괴와 방목, 농지 개간, 광산 개발, 공장 건설 등 인위적 요인들이 맞물려 작용하여 사막화가 빠르게 진행되고 있다. 지난 50년간 중국의 북서 지역에서는 사막화 때문에 사라진 마을이 2만 4000개가 넘고, 2014년 말 중국에서 사막화한 토지와 황무지 면적은 한반도의 약 20배인 433만 2800㎢였다고 한다. 사막화 현상이 확대되면서 황사도 더 자주 발생하고, 강도도 더 높아지고 있다.

중국뿐만 아니라 몽골 지역의 사막화도 문제이다. 몽골 정부는 몽골 지역의 사막화의 주원인 중 하나로 염소 방목을 꼽고 있다. 몽골 인들에게 고소득원인 캐시미어를 얻을 수 있는 염소 방목이 급속도로 늘고 있는데, 염소가 유목민들의 생계에는 큰 도움이 되지만 다른 가축과 달리 식물의 뿌리까지 뜯어먹는 습성이 있어 사막화를 촉진하기 때문이다. 전체 가축 수가 1980년대까지는 2000만~2500만 마리를 유지했지만, 2013년에는 초원에 적정한 가축 수인 4000만 마리를 넘어 5200만 마리에 이르렀다고 한다.

황사를 방지하려면 사막화가 확산되는 것을 막아야 한다. 중국에서는 이를 위해 개간된 경작지를 삼림으로 조성하고, 황사의 근원지로 알려진 지역에는 반사막화 사업의 일환으로 나무를 심거나 녹지를 조성하는 사업을 벌이고 있다. 몽골 지역에서 활발한 조림 사업을 벌이고 있는 국내의 한 시민단체에 따르면 "몽골의 바양노르 지역은 모래 폭풍이 자주 발생하는 곳이었지만 사막화와 황사를 막기 위한 숲을 조성하면서 모래 폭풍이 줄어들었고, 다른 조림 지역에서도 모래 폭풍이 감소했다"고 한다. 미국의 더스트볼이 알려준 교훈처럼 아시아의 먼지 폭풍인 '황사'를 막는 데 지름길은 없다. 시간이 걸리더라도 생태계가 건강하게 지속될 수 있는 농업 방식을 이용하고, 사라진 초목과 하천 등을 되살려 생태계를 복원해야 한다.

더스트볼에 대해 궁금한 10가지 사실들

1. 거대한 먼지 폭풍은 어디까지 날아갔을까?

검은 먼지 폭풍이 미국 남부 평원 지역을 괴롭히던 당시, 거대한 먼지 폭풍은 약 3킬로미터 높이로 솟아오른 뒤 약 3000킬로미터를 날아 1934년 5월 11일에는 미국 동부 해안까지 뒤덮었다. 초원의 먼지로 만들어진 안개는 5시간 동안 자유의 여신상과 워싱턴 국회의사당 같은 주요 건물을 휘감았다. 국회의사당 안에서는 국회의원들이 토양 보호 법안에 대해 토론을 벌이고 있었다. 미국 동부 해안 지역에 살던 사람들에게 먼지 폭풍은, 《뉴욕타임스》가 "주부들을 바쁘게 만들었다"라고 할 정도로 그저 조금 불편한 사건에 지나지 않았지만 더스트볼 지역에 살던 주민들에게는 오랫동안 견뎌 내야 했던 엄청난 시련이었다.

2. 더스트볼은 단순한 자연 재해일까?

1차 세계대전이 시작되자 미국에서 수확하는 밀의 수요가 갑자기 늘어나면서 값이 크게 뛰었다. 기록적으로 오른 밀 값과 "땅을 일구면 비는 따라온다"는 땅 주인의 말에 현혹당한 농부들은 가솔린으로 작동하는 트랙터라는 새로운 기계의 힘을 이용해 평원 지역의 땅을 마구 갈아엎었고, 가축들을 대규모로 방목했다. 하지만 1930년대 초, 유례없는 가뭄과 대공황이 미국을 강타하자 밀 시장은 속절없이 무너졌다. 표토(겉흙)를 단단히 붙잡아 주던 대초원 지역의 풀들이 사라지고 밀밭으로 바뀐 지 오래였고, 땅이 가뭄으로 바짝 마르자 대평원 지역은 불어오는 강한 바람에 무방비 상태가 되었다. 결국 더스트볼은 끔찍한 자연 재해였지만 이는 곧 인간이 만들어 낸 최악의 재앙이기도 했다.

3. '토끼 잡기' 표어가 내걸린 이유는?

대낮을 칠흑 같은 어둠으로 바꾸어 놓은 먼지 폭풍이 세상의 종말 신호로 보였다면, 남부 평원 지역을 급습한 산토끼와 메뚜기 떼는 성서에 등장하는 역병을 떠올리게 하기에 충분했다. 산토끼와 메뚜기 떼는 긴신히 자란 작물들을 마구 먹어 치웠다. 1935년, 수십만 마리의 산토끼 떼를 물리치기 위해 어떤 마을은 "토끼 잡기"를 표어로 내걸고 산토끼를 울타리 안으로 몰아넣은 뒤 몽둥이와 야구 방망이로 때려 죽이기도 했다. 1에이커당 2만 3000마리에 해당하는 어마어마한 메뚜기 떼는 순식간에 농장을 뒤덮고 모든 것을 집어삼켰다. 이를 두고 프랭클린 D. 루스벨트 대통령은 "태양이 남겨 둔 것을 메뚜기가 해치웠다"고 말했다. 메뚜기 떼를 소탕하고 해충이 들끓는 농장을 불태우기 위해 주 방위군이 소집되었고, 민간 자연보호협회는 비소, 당밀, 그리고 겨로 만든 살충제를 뿌렸다.

4. 먼지 폭풍을 없애기 위해 별난 대책들이 쏟아졌다?

더스트볼에 사는 주민들은 비를 내리게 하기 위해 온갖 방법을 시도했다. 어떤 사람들은 오래된 전통 의식에 따라 뱀을 죽여 배를 갈라 울타리에 걸어 놓았다. 텍사스 주의 어느 마을 농부들은 자칭 '레인 메이커(rain maker)'라고 하는 사람들을 500달러에 고용해, 소나기를 유도하도록 다이너마이트와 니트로글리세린이 든 폭발성 혼합물을 로켓에 실어 하늘로 쏘아 올리기도 했다. 많은 회사들은 가능성이 있는 해결책이라며 자기들의 상품을 연방 정부에 선전하기도 했다. 어떤 회사는 농장들을 방수 종이로 덮는 방안을 제안했고, 뉴저지의 한 아스팔트 회사는 평원 지역을 (시멘트로) 포장하자고 제안했다.

5. '더스트볼'이라는 이름은 어떻게 생겨났을까?

신문 기자인 로버트 E. 가이거는 1935년 4월 15일 아침 다음과 같은 헤드라인을 신속히 타전했다. "세 짧은 단어가 슬프게도 서부 농부들의 혀에 맴돈다. 대륙의 더스트볼에 사는 사람들이 가장 많이 쓰는 말은 '만약 비가 내린다면(if it rains)……'이다." 가이거는 이때 '더스트볼'이라는 말을 툭 던지듯 썼을 것이다. 하지만 어찌 되었든 2년 뒤에 그는 재난이 휩쓴 지역을 가리켜 다시 '더스트벨트(dust belt)'라고 일컬었다. 이렇게 한 신문 기자가 우연히 사용한 더스트볼이라는 말은 몇 주 만에 전국적으로 쓰이는 말이 되었다.

6. 먼지 폭풍은 강력한 정전기를 일으켰다?

먼지 폭풍으로 지면과 대기 사이에 너무 많은 정전기가 만들어져 푸른 불꽃이 철조망 담 위에서 튀어 오르기도 하고, 그저 악수만 해도 강력한 불꽃을 일으켜 사람들을 바닥에 쓰러지게 만들었다. 정전기가 자동차 엔진을 방전시키고, 라디오 회로도 고장 나게 했다. 그래서 먼지 폭풍 지역을 지나가는 운전자들은 이를 막기 위해 자동차 뒤에 사슬을 달아 땅에 질질 끌고 다녀야 했다.

7. 먼지는 왜 사람에게 위험했을까?

대기를 뒤덮은 먼지를 들이마신 사람들은 기침, 숨 가쁨, 천식, 기관지염과 독감 등으로 고생했다. 광부들처럼 더스트볼 주민들은 매우 미세한 실트(유사, 토사) 입자가 폐에 들어가면서 규소폐증 증세를 보였다. 먼지 폐렴, 또는 갈색 전염병이라고 부르는 이 병으로 수백 명이 목숨을 잃었다. 이 병은 특히 유아, 어린이, 그리고 노인에게 치명적인 해를 끼쳤다.

8. 농부들이 작물을 갈아엎고 가축을 도살한 이유는?

루스벨트 대통령이 추진하던 뉴딜 정책의 하나로 주 정부는 굶주린 가축을 한 마리당 적어도 1달러를 주고 농부들한테서 사들였다. 도축할 수 있을 정도로 건강한 가축은 한 마리당 16달러 정도를 주고 정부가 도축해 집 없는 사람들에게 나누어 주었다. 1935년에 설립된 토양보호청(Soil Conservation Service, 1994년에 자연자원보호청으로 바뀜)은 토지를 경작하지 않고 놀리는 대가로 농부에게 돈을 주었고, 돌려짓기를 장려하거나 농작물 대신에 평원에서 자라던 토종 풀을 심는 토지 관리 방안을 도입했다. 주 정부는 또한 토지 1000만 에이커를 사들여 농토를 풀밭으로 바꾸었으며, 그중 일부는 아직도 미국 산림청에서 관리하고 있다.

9. 더스트볼 지역 사람들은 먼지 폭풍을 피해 도망가지 않았다?

1940년에 퓰리처 상을 받은 존 스타인백의 소설 『분노의 포도(The Grapes of Wrath)』(1939)에 등장하는 떠돌이 소작농의 이야기는 더스트볼에 살던 4분의 3 이상이 살던 곳에 그대로 남았다는 사실을 흐리게 한 경향이 있다. 너스트볼 피난민은 캘리포니아 주로 흘러들지 않았다. 1930년대에 남부 평원 지역에 살던 주민 120만 명 중 가뭄이 몰아닥친 지역을 떠나 캘리포니아 주로 이주한 사람들은 고작 1만 6000명뿐이었다. 더스트볼 난민 대부분은 기껏해야 가까운 이웃 주로 옮겨 갔을 뿐이었다.

10. 먼지 폭풍을 피해 이주한 사람들은 어떻게 살았을까?

1930년대에 먼지 폭풍을 피해 캘리포니아 주로 이주한 농장 가족들은 『분노의 포도』에 나오는 조드 일가처럼 '오키스(Okies)'라고 놀림받았다. 오클라호마 주에서 이주해 왔기 때문이다. 하지만 그들 중 단지 5분의 1만이 실제 오클라호마 주 출신이었다. 덧붙여 오클라호마 주 이주민 중 상당수는 더스트볼의 영향권 밖에 있던 오클라호마 주 동쪽 지역 사람들이었다. 오키스는 그들의 고향이 어디든 관계 없이 농업에 종사하는 모든 이주민을 통칭하는 말이 되었고, 그들은 어디를 가도 환영받지 못했다. 실제로 어느 캘리포니아 주 식당에서는 다음과 같은 푯말을 붙이기도 했다. "오키스와 개는 출입 금지!"

글·그림 **돈 브라운** Don Brown

독자들의 공감을 불러일으키는 이야기를 쓰고 감동적인 그림을 그리는 저자이자 일러스트레이터이다. 특히 열정적으로 살아간 사람들의 기쁨과 아픔, 행복과 슬픔을 독자들과 함께 나눌 수 있는 작품을 만들고 있다. 그의 책들은 《워싱턴 포스트》, 《뉴욕 타임스》, 《스쿨 라이브러리 저널》, 《혼 북》, 뉴욕 공립도서관 등의 찬사를 받았다. 그의 작품은 선구적이고, 세심하게 공을 들이며, 동정심을 불러일으키고, 솔직하다는 평을 받고 있다. 그가 글을 쓰고 그림을 그린 책으로는 『먼지 폭풍』 이외에 『물에 잠긴 도시』, 『애런과 알렉산더』, 『아인슈타인』, 『토머스 에디슨』 등 20여 권이 있다.

옮긴이 **이충호**

서울대학교 사범대학 화학과를 졸업하고, 현재 과학 전문 번역가로 활동하고 있다. 『신은 왜 우리 곁을 떠나지 않았는가』로 2001년 제20회 한국과학기술도서 번역상을 받았다. 옮긴 책으로 『진화심리학』, 『사라진 스푼』, 『이야기 파라독스』, 『화학이 화끈화끈』, 『59초』, 『내 안의 유인원』, 『많아지면 달라진다』, 『루시퍼 이펙트』, 『행복은 전염된다』, 『우주의 비밀』, 『세계의 모든 신화』, 『루시―최초의 인류』, 『처음 읽는 양자물리학』, 『처음 읽는 상대성 이론』, 『공포의 먼지 폭풍』, 『흙보다 더 오래된 지구』 등이 있다.

공포의 먼지 폭풍
사막화로 인한 자연의 재난, 더스트볼

1판 1쇄 발행 2016년 4월 30일
1판 7쇄 발행 2021년 4월 25일

글·그림 돈 브라운 | 옮긴이 이충호
펴낸이 조추자 | 펴낸곳 두레아이들 | 등록 2002년 4월 26일(제10-2365호)
주소 서울시 마포구 독막로 100 세방글로벌시티 603호 | 전화 02-702-2119, 02-703-8781
팩스 02-715-9420 | 이메일 dourei@chol.com | 블로그 blog.naver.com/dourei

* 가격은 뒤표지에 적혀 있습니다.
* 잘못 만들어진 책은 구입하신 곳에서 바꾸어 드립니다.
* 이 도서의 국립중앙도서관 출판예정도서목록(CIP)은 서지정보유통지원시스템 홈페이지(http://seoji.nl.go.kr)와 국가자료공동목록시스템(http://www.nl.go.kr/kolisnet)에서 이용하실 수 있습니다. (CIP제어번호: CIP2016009175)

ISBN 978-89-91550-78-0 77840